AF349921

ATELIER

DE

PAUL BARON

ŒUVRES

DE

PAUL ET MARIE BARON

TABLEAUX

Anciens et Modernes

DESSINS ET AQUARELLES

DE DIFFÉRENTS MAITRES

OBJETS D'ART ET D'AMEUBLEMENT

Mᵉ GEORGES BOULLAND	M. G. SORTAIS
COMMISSAIRE-PRISEUR	PEINTRE-EXPERT
Rue des Petits-Champs, 26	Rue des Capucines, 23

EXPOSITION PUBLIQUE

Le Dimanche 17 Novembre 1889. de 2 heures à 5 heures et demie.

Imp. de la Presse, 16, rue du Croissant. — A. Vigier.

ATELIER

DE

PAUL BARON

ŒUVRES

DE

PAUL et de MARIE BARON

TABLEAUX ANCIENS ET MODERNES

DESSINS, AQUARELLES

DE, ATTRIBUÉ A, ÉCOLE DE :

Bourguignon, Castellain, Corot, Fragonard, Isabey, Jeaurat, Kauffmann, Largillière, Leloir, Lewis Brown, Pils, Porbus, Henri Regnault, Renoir, Roquelan, Ruysdaël, Vecelli, Joseph Vernet, Véronèse, Watteau, École flamande.

Bida, Bartholomeo-Fra, Bonnington, Cabanel, Dehodencq, Delacroix, Delaroche, Van Essen, Fortuny, Gaillard, Le Guerchin, Hédouin, Jordaëns, Eug. Lami, Lançon, Millet, Henri Monnier, Pavis de Chavannes, Renouard, Rops, Troyon, Courbet, Deveria, etc.

OBJETS D'ART ET D'AMEUBLEMENT

M° GEORGES BOULLAND	M. G. SORTAIS
Commissaire-Priseur	Peintre-Expert
RUE DES PETITS-CHAMPS, 26	RUE DES CAPUCINES, 23

EXPOSITION PUBLIQUE

Le Dimanche 17 Novembre, de 2 heures à 5 heures 1/2.

CONDITIONS DE LA VENTE

Elle sera faite au comptant.

Les Acquéreurs paieront CINQ ROUR CENT en sus des enchères, applicables aux frais de vente.

Paris. — Imp. de la Presse, 16, rue du Croissant. — A. Vigier.

ŒUVRES DE PAUL BARON

1 — Deux personnages.

2 — Léda (Esquisse).

3 — Léda.

4 — Toilette de Vénus.

5 — Dans l'atelier.

6 — Femme au miroir.

7 — Une paysagiste.

8 — Nymphe, enfant et faune.

9 — Sainte famille.

10 — La pêche.

11 — Causerie.

12 — Fileuse.

13 — Amours.

14 — Le Palet.

15 — Odalisque (Salon de 1869).

16 — Départ des Croisés.

17 — Femme et deux enfants.

18 — Femme au bain.

19 — Divertissements.

20 — Mariage mystique de Ste-Catherine (Esquisse).

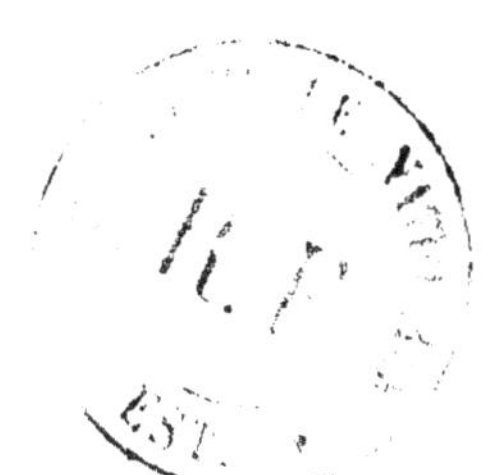

21 — Mariage mystique de Sainte-Catherine (Salon
     de 1865).

22 — Départ pour la promenade (Salon de 1868) à
     Lyon.

23 — Vénus désarmant l'Amour (Salon de 1867).

24 — Amours (Dessus de porte).

25 — Nymphe et Amours (Dessus de porte).

26 — Étude de torse.

27 — Tête d'homme (Étude).

28 — Sainte famille (d'après un maître Italien).

29 — Vénus et l'Amour (Copie d'après Paul Baudry).

30 — Concert (Copie d'après A. Watteau).

31 — Concert Mezzetin (Copie d'après A. Watteau).

32 — Adoration des Mages (d'après Véronèse).

33 — Moïse sauvé des eaux (Copie d'après Véronèse).

Paysages, Marines et Natures mortes

34 — Tour de Bury.

35 -- Estacade de Trouville.

36 — Château de Chenonceaux (a figuré au Salon).

37 — Autre vue de Chenonceaux.

38 — Effet d'automne.

39 — Le Couvent de Saint-Dizier.

40 — Bateau à voiles.

41 — Barrage de Fontainebleau.

42 — Paysage (Étude).

43 — Saules (Étude).

44 — Pêches.

45 — Saules (études).

46 — Retour du marché.

47 — Porte de Guérande.

48 — Paysage du Loiret.

49 — Sous bois.

50 — Perdreaux et Pêches.

51 — Un chemin.

52 — Petite vue sur Mantes.

76 — Petunias.

77 — Marguerites.

78 — Roches à Fontainebleau.

79 — La Moisson.

80 — 4 Aquarelles (sera divisé).

81 — Cigognes (Copie d'après Philippe Rousseau).

ŒUVRES DE MARIE BARON

82 — Sur la table (Salon de 1881).

83 — Pêches (Salon de 1879).

84 — Pêches sur une nappe.

85 — Fruits et chou.

86 — Raisins et melon.

87 — Lapin, choux et fruits (Salon de Lyon).

88 — Abricots.

89 — Objets d'étagère.

90 — Autres objets d'étagère.

91 - Fleurs et livres.

92 — Fleurs et pêches.

93 — Vieux livres.

94 — Nature morte.

95 — Branche de lilas.

96 — Perdreaux et pétunias.

97 — Pensées.

98 — Vases.

99 — Nature morte.

100 — Brioches.

101 — Ananas, etc.

102 — Assiette de cerises.

103 — Perdreaux.

104 — Œillets.

105 — Oignons et chocolat (Salon de 1880).

106 — Canard et lapin sur l'herbe (Salon de Lyon).

107 — Tête de jeune fille.

108 — Joueuse de mandoline.

109 — Dames en voiture.

110 — Jeune fille au corsage rouge.

111 — Femme aux canards.

112 — Femme au chat (Copie d'après Carand).

113 — Une artiste.

114 — Deux femmes regardant sur une table (Salon de 1880).

115 — Au pied de la croix.

116 — Promenade.

117 — Vierge et enfant endormi.

118 — Véronique.

119 — Amours se balançant.

120 — Paysage.

121 — Trois éventails (sera divisé). (Salon 1880)
    (Salon de Lyon).

122 — Vingt-quatre tableaux du même auteur.

TABLEAUX

DES MAITRES ANCIENS ET MODERNES

Bourguignon, dit le (JACQUES COURTOIS)

123 — Combat de cavalerie.

T. — H., o m.   ; L., o m.   .

Bozzo

124 — Martyre de St-André.

T. — H. o m. 64 : L., o m. 44.

Corot

125 — Effet de lune.

T. — H., o m. 20 ; L., o m. 23.
Signé au bas, à droite.

Corot

126 — Coucher de soleil.

B. — H., o m. 21 ; L., o m. 25.
Signé au bas, à droite.

Fragonard (Honoré) (attr. à)

127 — Esquisse pour un concours.

T. — H., o m. 59 ; L., o m. 48.

François

12   — Portrait d'un Conventionnel... Gensonné ?

O.T. — H., o m. 72 ; L., o m. 59.
Signé et daté au bas, à droite.

Isabey (Eugène) (attr. à)

129 — Sortie de l'Infante.

T. — H., o m. 46 ; L., o m. 32.

Jardin (Carel du)

130 — Paysage orné de figures et animaux.

Tableau des plus spirituellement peint.
B. — H., o m. 42 ; L., o m. 52.

Jeaurat (attr. à)

131 — Jeune femme lisant devant sa toilette.

T. — H., o m. 54 ; L., o m. 44.

Joyan (attr. à)

132 — Un port en Orient.

> T. — H., 0 m. 40 ; L., 0 m. 57.

Kauffmann (Angelica-Catherine)

133 — Têtes de Chérubins.

> T. — H., 0 m. 38 ; L., 0 m. 47.

Largillière (Nicolas de)

134 - Portrait d'un grand personnage.

Il en existe une copie au Musée de Versailles.

Tourné de trois quarts, la tête presque de face, les yeux regardant le spectateur ; c'est un portrait d'une harmonie délicieuse et des plus séduisants de ce maître.

Cadre ovale en bois sculpté.

> O. T. — H., 0 m, 82 ; L., 0 m, 62.

Lecœur

135 — Portrait de Mlle L...

Lecœur

136 — Station des bateaux au Point-du-Jour.

Lecœur

137 — Le naufragé.

Mettling (attr. à)

138 — Tète d'un jeune Andalou.

T. — H., 0 m, 54; L,, 0 m. 44.

Pils

139 — Jeune Marocain (Esquisse).

Porbus (François) (École de)

140 - Portrait d'un gentilhomme.

T. — H., 0 m. 65; L., 0 m. 54.

Regnault (Henri)

141 — Étude de femme nue (en grisaille).

T, — H., 0 m. 21; L-, 0 m. 16.

Renoir

142 — Le jugement de Pâris.

T. — H., 0 m. 40; L., 0 m. 32.

Renoir

143 - La baigneuse.

T. — H., 0 m. 40; L., 0 m. 32.

Renoir

144 — Le p'tit casseux d' cailloux.

T. — H., 0 m. 32; L., 0 m. 24.

Roquelan (Camille)

145 — Vue prise sur les côtes de Normandie (esquisse
originale de son tableau du Louvre).
Signé du Monogramme C. R.

T. — H., o m. 24; L., o m. 35

Ruysdaël

146 — Paysage sous bois; un clocher d'église appa-
raît au-dessus des arbres.
Signé du Monogramme J. R.

B. — H., o m. 34; L., o m. 45.

Teinturier

147 — Sous bois dans la forêt de Fontainebleau près
Marlotte, orné de figures (a figuré à un Salon).

T. — H., o m. 68; L., o m. 55.

Vecelli-Tiziano (attr. à)

148 — Vénus endormie.

T. — H., 1 m. 05; L., 1 m. 54.

Vernet (Joseph)

149 — Vue prise sur Marseille par un gros temps.
Signé et daté au bas, à droite.

T. — H., o m. 40; L., o m. 55.

Véronèse (d'après)

150 — Esquisse.

T. — H..   L.,

Watteau (Antoine) (attr. à)

151 — Le rendez-vous d'amour.

Signé au bas, à droite.

T. — H., o m. 24; L.. o m. 14.

École Flamande

152 — Danaé.

B. — H., o m. 28; L. o, m. 35.

École Flamande

153 — Grenades, raisins, etc.

T. O. — H.. o m. 65; L.. o m. 54.

AQUARELLES, DESSINS ET GRAVURES

PAR DIFFÉRENTS MAITRES ANCIENS ET MODERNES

154 — **Bida.** Le mendiant de Chenier.

155 — **Bartholoméo-Fra** (double). Étude pour un tableau religieux (Coll. Triquetti).

156 — **Bonnington.** Mine de plomb.

157 — **Cabanel.** Portrait d'homme.

158 — **Dehodencq.** Enfant au tambourin.

159 — **Delacroix (Eug.).** Passion barbare dominée
(beau dessin).

160 — **Delaroche (Paul).** Marie-Antoinette dans
sa prison.

161 — **Van Essen.** Paysan et moutons.

162 — **Fortuny.** Le charmeur de serpents.

163 — **Gaillard.** Tête de femme (Étude).

164 — **Guerchin Barbieri** (dit le). Étude de femme.

165 — **Hédouin.** Femme assise (aquarelle).

166 — **Jordaens.** Sainte famille.

167 — **Lami (Eug.).** Costume de mariée de made-
moiselle Gauthier (aquarelle).

168 — **Lançon.** Ours et renards.

169 — **Largillière (Nicolas de).** Portrait de femme.

170 — **Millet (J.-F.).** Chevaux de remonte.

171 — **Millet (J.-F.).** Mendiants (dessin à la plume,
a été gravé).

172 — **Monnier (Henri).** Portraits.

173 — **Puvis de Chavannes.** Tête d'homme.

174 — **Renouard.** Femme peintre (a été gravé).

175 — **Rops (Félicien).** Non hic pisces omnium.

176 — **Rops (Félicien).** Boulanger belge.

177 — **Troyon.** Chien couché.

178 · Un lot de dessins par **Courbet, Deveria,**

Hogarth, King, etc. (sera divisé).

179 — 40 lots de gravures anciennes et modernes.

180 — **Voltaire et Jean-Jacques-Rousseau.** Petits bronzes de l'époque de la Révolution.

181 — **Apollon de Florence.** Statue de grandeur originale en métal cuivré, coulé en sable.

182 — **St-Jean.** Bas-relief en marbre de l'époque de Louis XIV (cadre en bois sculpté).

183 — Grande et belle pendule, boule, ornée de beaux bronzes de l'époque de Louis XIV. Hauteur totale avec son piédouche, 1 mètre.

184 — **Castellain.** Dessus de porte, grisaille.

185 — **Castellain.** Sept dessus de porte peints en bleu (sera divisé).

186 — **Corot.** Paysage.

187 — **Leloir (Maurice)** 1883. L'Adieu.

188 — **Lewis Brown.** Cavalier en habit rouge.

189 — Sous ce numéro, les objets non catalogués.